풀꽃

술잔

나비

作家가 말하는 作品 세계

한 줄의 詩, 한 악장의 심포니, 또는 한 폭의 그림따위들은 결단코 설명되어 지거나 해석되어 져서는 안 되며 다만 느끼어지는 것이라고 나는 언제나 고집하며 살아왔었다. 따라서 그 잘나빠진 고교입시나 대학입시용 참고서에서 만해 한 용운 선생의 「복종」이나 라이너 마리아 릴케의 「가을날」등이 조잡한 이론가들의 녹슨 칼끝에 난도질 당해져 있는 것을 보면 차라리 나는 혐오감때문에 죽고 싶다는 생각까지 들 정도였다. 詩란 표본실의 청개구리가 아닌 것이다. 배를 가르고 내장을 드러내고 허파가 어떠니 콩팥이 어떠니 왈가왈부 해 봤자 더욱 詩에 대한 눈이 멀어져 갈 뿐이다. 물론 내가 여기서 이야기하는 詩란 수사법상 제유법적으로 사용 되어진다. 그러니까 詩를 音樂이나 미술로 바꾸어 말한다 해도 마찬가지라는 얘기다. 혹자들은 말한다. 이 詩는 도무지 이해할 수가 없어, 너무 어려운 詩야, 라고.

그러나 어려운 것은 詩가 아니라 그렇게 말하는 사람의 詩

에 대한 편견이다. 도대체 詩를 이해하려 든다는 것부터가 무모하다. 詩가 감상되어지는 것이라는 기초적 상식을 버리고서는 도저히 詩에 근접할 수가 없는 것이다.

나는 小說을 쓸때 언제나 그것을 염두에 둔다. 따라서 내 小說 또한 감상되어지기를 바라며 결코 설명되어지기를 바라지는 않는다. 나는 되도록이면 言語 자체를 生物로 만들려고 노력한다. 그것은 추상이 아니라 구상이다. 나는 소설이 단순한 스토리 때문에 읽히워지는 것이라고 생각치 않는다. 그것은 言語의 동작들이 가지는 아름다움 때문에 읽히워지는 것이라고 나는 생각해 왔다. 言語의 동작이라니, 미친놈이로군, 하는 식의 반응을 보이는 분들께는 더 이상 말해드릴 방법이 없다. 그분들은 이미 그분들의 의식 속에서 관념이라는 덮개로 言語를 뒤덮어 질식시켜 버린 사람들이기 때문이다.

내게 있어 언제나 言語는 초자연적 본체로 물체에 붙어 그것을 보살피는 힘, 즉 철학에서 말하는 정령(精靈)같은 느낌으로 다가온다.

내게 있어 言語는 또 자연 그 자체이다. 바람이 불면 흔들린다. 햇빛을 받으면 반짝거리고, 탁하고 습한 곳에서는 썩기도 한다. 그것은 감정을 가지고 있으며 무척 다루기 힘든 대상이다. 때로는 흐느끼고 때로는 분노한다.

그러나 견딜 수 없는 것은 밤을 새워 言語를 건져올리다가 마침내 나 자신이 아무 것도 아니라는 사실을 발견할 때다.

나는 되도록이면 나의 글들이 지금까지 말해온 그런 言語의 정령성에 의해 쓰여진 것이기를 빈다. 그러니 언제나 실패였다는 생각이다.

나는 여기서 내 졸작들에 대한 줄거리를 밝힌다거나 변명을 한다거나 폼난다고 생각되는 부분 따위를 인용하는 식의 치기를 포기하기로 한다. 그리고 가급적이면 읽은 이가 읽은 대로의 느낌만으로 내 졸작들에 대한 모든 것을 대신해 주기 바란다. 개새끼 정말 한심한 내용의 글을 썼군, 이라고 말해도 좋고, 엿먹는 인생, 이것도 글이라고 책으로 만들었냐, 하고 내 책에 똥칠을 해도 좋다. 하지만 뭔가 아픈 느낌이 있다, 라는 표현을 해 주는 분이 계시다면 나는 그 분을 위해 더욱 아프게 쓰고 싶다.

나는 내가 사랑하지 않는 것들을 결코 내 글 속에서 폼나는 역할로 내세우지 않는다. 그렇다면 내가 사랑하는 것들은 어떤 것인가. 그것들은 바로 나와 함께 살았던 것들이며 내가 외로웠을 때 마음으로 자주 대화를 나누었던 것들이다. 그것들은 아주 작고 가까이에 있는 것들이다.

한때 나는 가난하다는 이유 하나로 별 시답잖은 동포들한테까지도 동포 취급을 못받고 살아왔었다. 그 時節 내 곁에 있었던 것들——비듬, 땟국물, 이, 얼룩, 배고픔, 창녀의 빈 방 따위들과 함께 있었다. 그러니까 대부분의 사람들이 멀리하는 것들과 나는 가까이 지낸 셈이다. 그때 나는 알아냈었다. 사람들이 멀리하는 것들도 막상 가까이 곁에 두고 있으면 외로움이 극에 달한 상황에서는 사랑스러워 진다는 사실을. 더럽다는 것은 더럽다고 생각하는 사람의 마음에 비하면 기실 별로 더럽지 않다는 것을. 그 어떤 것에도 애정을 느끼는 순간에는 더럽지 않다는 것을.

그리하여 나는 되도록이면 사람들이 더럽다, 징그럽다, 라고 생각한 것들을 사랑스럽다로 바꾸는 작업에 착수했었다.

쓰레기통 속에도 아름다움은 넘쳐나고 화장실 속에서도 존엄한 생명에의 진리가 반짝이고 있다는 것을 그즈음 나는 비로소 알아냈었다. 사랑이라는 단어, 요즈음은 웬지 死語처럼 생각하는 사람들이 많지만 그러나 人間은 결국 함께 사랑하기 위해서 살고있는 것이다. 물론 이 함께라는 단어 속에는 사랑받고 싶다는 뜻도 내포되어 있다.

서로 사랑하기 위해서 人間이 살고있는 것이라면 되도록 내 글들이 사랑하는 일에 도움이 되기를 나는 바란다. 당연히 이 사랑은「자기」나「그대」따위에 국한된 것이 아니다. 지렁이나 이나 쥐나 미친개를 사랑할 수 있는 심미안에의 도움을 말하는 것이다.

나는 人間에게 영혼이 있다는 것을 믿는다. 벼룩이나 모래에도 영혼이 있다는 것을 믿는다. 당연히 하나님이 있다는 것도 나는 믿는다. 앞으로 나는 되도록이면 영혼과 육신과 정신, 이 세가지가 잘 조화된 상태가 되려고 노력하겠다. 그것은 내가 사랑하는 것들을 내 글 속에서 더욱 사랑스럽도록 만들기 위해서다.

이 時代는 불안하고 암울하다. 희망이 잘 안 보이는 웃기는 時代다. 이 時代는 바로 혼돈 그 자체다. 과연 무엇이 옳고 무엇이 그르며 무엇이 죄고 무엇이 벌인가. 노스트라다무스여. 그대가 예언한 서기 1999년의 지구 멸망은 진짜인가 겁주는 것인가.

그러나 이제 우리도 어느 정도는 알고 있다. 우리가 너무도 우리들 본질 밖으로 벗어나 있음을. 마음이 열려있던 時代는 가고 물질만 번뜩거리는 時代가 와서 이제 우리는 담장을 높이 쌓고 그 위에 유리파편 또 그 위에 철망까지 쳐놓고 산다.

이제 그대가 말했던 대로 아니 성서가 말했던 대로 우리는 떠나야할 때가 왔다. 가난하고 외로운 者들이여. 안심하자. 사람들 밖에서 살던 사람들이여 안심하자. 우리는 비록 그렇게 살아왔다만 사랑만은 간직하고 살았으니, 영혼까지 멸망치는 않으리라.

앞으로 나는 멸망치 않는 영혼에 대하여 쓰고 싶다. 그것만이 실패만 거듭해온 내 글들의 구원일 것이라는 생각이 든다. 그것은 견딜 수 없는 고통 뒤에야 비로소 성취되어질 수 있는 것임을 나는 안다. 끝으로 한마디 솔직한 내 견해를 덧붙인다면 요즘은 골이 텅 빈 사람들이 너무나 많다. 책을 안 읽고 사니까 그럴 것이다.

하지만 수중에 돈 떨어지면 아무리 그럴듯한 사람도 도무지 맥을 못추는 세상, 책읽는 사람들은 한결같이 가난한데

책값은 또 오라지게 비싸기만 하다. 되도록이면 나는 재미있게 써야겠다는 생각을 한다. 그래야 이 시정잡배 李 外秀의 독자들이 돈 아까운 줄을 모를 테니까. 하지만 그것은 서비스일까 속임수일까. 둘다 아니다. 내 최소한의 독자들에 대한 애정일 뿐이다.

李 外秀

풀꽃 술잔 나비

별 / 17
강이 흐르리 / 18
점등인의 노래 / 20
풀꽃·술잔·나비 / 21
봄의 바람에 / 22
함께있는 때 / 24
立冬 / 25
찔레꽃 / 26
길섶 / 28
간호 / 29
백정의 노래 / 30
항구수첩 / 32
간혹 왕십리에서 빗소리를 들으며 / 34
외등 밑 / 36
生日에 / 37
장마비 / 38
가을비 / 39
잠자리·1 / 40
그대와 헤어지고 / 42
習作期 / 43
면회 / 44
雪夜 / 46

광장의 저녁바람 / 48
빈손 / 49
목발 / 50
누님생각 / 52
失行症 / 53
雨季 / 54
正午 / 55
물레曲 / 56
칼 / 58
혀 꼬부라진 소리로 / 60
비단개구리의 노래 / 62
악보적기 / 64
봄감기 / 66
여름의 끝 / 67
作業 / 68
아이 / 70
잠자리·2 / 71
술길 / 72
초병의 노래 / 74
수국밭에서 / 75
천체 망원경을 보면 / 76
앵두 한 알 / 77
새벽 여인숙에서 / 78
금관악기 진혼곡 / 79
불빛 / 80
뱀 / 81

객지 / 82
지렁이 / 83
네 필의 말과 마차 / 84
변주곡 / 86
초저녁 강가에서 / 90
스무살의 수채화 / 91
春川에서 / 92
은행나무 / 93
등꽃·1 / 94
등꽃·2 / 95
할머니가 해 주신 옛날 이야기 / 96
장님의 피리 / 97
꽃뱀 / 98
난초꽃 피는 송춘섭의 셋방 / 99
자장가調 / 100
벚꽃 / 101
퇴근 / 102
葉書 / 103
발자욱 / 104
동전의 노래 / 105

작가가 말하는 작품세계 / 6
李外秀의 詩 뒷편에·최돈선 / 107

이 부끄러운 68장의 엽신들을
지금까지 내가 사랑해 온 사람들과
앞으로 남을 사랑할 수 있는
모든 분들께 바칩니다.

별

내 영혼이 죽은 채로 술병 속에
썩고 있을 때
잠들어 이대로 죽고 싶다
울고 있을 때
그대 무심히 초겨울 바람 속을 걸어와
별이 되었다

오늘은 서울에 찾아와 하늘을 보니
하늘에는 자욱한 문명의 먼지
내 별이 교신하는 소리 들리지 않고
나는 다만 마음에 점 하나만 찍어두노니
어느날 하늘 맑은 땅이 있어
문득 하늘을 보면
그 점도 별이 되어 빛날 것이다

강이 흐르리

이승은 언제나 쓰라린 겨울이어라
바람에 베이는 살갗
홀로 걷는 꿈이어라

다가오는 겨울에는 아름답다
그대 기다린 뜻도

우리가 전생으로 돌아가는 마음 하나로
아무도 없는 한적한 길
눈을 맞으며 걸으리니

사랑한다는 말 한 마디마다
겨울이 끝나는 봄녘 햇빛이 되고
오스스 떨며 나서는 거미의 여린 실낱
맺힌 이슬이 되고
그 이슬에 비치는 민들레가 되리라

살아있어 소생하는 모든 것에도

죽어서 멎어 있는 모든 것에도
우리가 불어 넣은 말 한 마디
아
사랑한다고
비로소 얼음이 풀리면서
건너가는 나룻배
저승에서 이승으로 강이 흐르리

점등인의 노래

이 하룻밤을 살고서
죽는 한이 있더라도
헤어진 사람들은 다시 돌아와
이 등불 가에서 만나게 하라

바람부는 눈밭을 홀로 걸어와
회한만 삽질하던
부질없는 생애여
그래도 그리운 사람 하나 있었더라

밤이면 잠결마다 찾아와 쓰라리게 보고 싶던 그대
살속 깊이 박히는 사금파리도
지나간 한 생애 모진 흔적도
이제는 용서하며 지우게 하라

풀꽃 · 술잔 · 나비

그대는 이 나라 어디 언덕에
그리운 풀꽃으로 흔들리느냐
오늘은 네 곁으로 바람이 불고
빈마음 여기 홀로 술 한잔을 마신다
이 나라 어두움도 모두 마신다

나는 나는 이 깊은 겨울
한마리 벌레처럼 잠을 자면서
어느 봄날 은혜의 날개를 달고
한마리 나비되는 꿈을 꾸면서
이 밤을 돌아앉아 촛불을 켠다

그대는 이 나라 어디 언덕에
그리운 풀꽃으로 흔들리느냐
오늘은 네 곁으로 바람이 불고
빈마음 여기 홀로 술을 마신다

봄의 바람에

江으로 가는 물 江으로 가는 모래
정액 냄새 화사한 밤꽃 그늘에서
문득 이름을 잊어버린 애인 하나야
나는 허물어져 강으로 간다

미친 바람이 불고 등불이 죽고
헤어진 사람들은 헤어진 땅에서
문풍지를 바르던 겨울이여

죽은 비듬을 털어내는 회양목 둑길에 서면
둑길에는 겨우내 바람뿐이지
아무도 오지 않고
회양목은 회양목 끼리 귀를 열어
불려가는 내 음성을 들었으리

꽃다지 피어 흔들리는 밭머리에 서면
낯 익은 것은 겨우내 모두 죽고
못 잊을 것도 겨우내 모두 죽고

아아 혼자 남아서 허공을 떠다니다가
붙잡은 것 없는 빈 손으로 떠다니다가
애인 하나야
끝끝내 나는 허물어져 강으로 간다

함께있는 때

세상에 神의 사랑 가득한 줄은
풀을 보고 알 것인가
꽃을 보고 알 것인가

눈을 감아라 보이리니
척박한 땅에 자라난
그대 스스로 한 그루 나무
실낱같은 뿌리에
또 뿌리의 끝
하나님의 눈은 보이지 않고
다만 존재할 뿐 사람이여
정답다 우리
함께있는 때

立冬

달밤에는 모두가 집을 비운다
잠 못들고
강물이 뜨락까지 밀려와
해바라기 마른 대궁을 흔들고 있다
밤닭이 길게 울고
턱수염이 자라고
기침을 한다 끊임없이
이 세상 꽃들이 모두 지거든
葉書라도 한 장 보내라던 그대
반은 잠들고 반은 깨어서
지금 쓸려가는 가랑잎 소리나 듣고 살자
나는 수첩에서 그대 주소 한 줄을 지운다

찔레꽃

마음으로만은
사랑을 할 수 없어
밤마다 편지를 썼었지
서랍을 열면
우울한 스무살 가슴앓이
死語들만 수북히 쌓여 있었지

입대하기 전날 아무도 몰래
편지를 모두 잘게 찢어
그대 집 담벼락 밑에 깊이 묻고
다시는 그리워하지 않으리
나는 바삐 걸었네

황산벌 황사바람 속에서도
바래지 않던 추억
수시로 가시처럼 날카롭게
되살아나서
하루에도 몇 번씩

파고들던 아픔이여
그래도 세월은 가고 있었네

제대해서 돌아와
다시 편지를 쓰려는데
그대는 하늘나라 먼 길을 떠났다던가
보름달은 환하게 밝아 있고
편지를 잘게 찢어 묻은 그 자리
찔레꽃이 무더기로 핀 이유를
비로소 알아내고 혼자 울었지

길 섶

누군가 엿보고 있다
그리운 꽃잎
바람도 없을 때 지는 일을

소똥이건 말똥이건
그대 없을 때
또한 그대 곁에 모두 모아
말하게 하리

누군가 엿보고 있다
그리운 꽃잎
소똥이건 말똥이건
닿아 피는 일
또한 그대 스스로 엿보고 있다

간 호

천정의 사방 연속 무늬가 떠내려가고 있었다
빈 술병 속에 전등이 한 개, 빈 의자 위에
詩集이 하나

한 여자가 내 얼굴의 버짐을
조금씩 뜯어내고 있었다

밝고 따뜻한 房
방의 壁 뒤에서
누군가 울고 있었다.

마른 강바닥으로 불려가는
초겨울 나무가지들의 울음

한 여자가
내 정강이뼈에 옥시풀을 바르며
밤을 지새우고 있었다.

백정의 노래

암혹의 어디선가 아내여
은둔의 말 한 마리 높이 울고
나는 외로운 칼을 간다

비린 생콩을 씹으며 엎어지는 바람
푸른 번개도 보인다
머리카락 산발한 쑥대 수풀 속에서
서륵서륵 배암들이 기어다니고

이밤에 아내여
잠들지 말아다오
쓰러지는 말들의 울음 끝에
화사하게 뿌려지는 꽃잎을 보아다오

멸망의 가옥에서 칼을 간다
빛나는 섬광 아래 말들이 쓰러지고
다시금 나도 무너지리니

이밤에 아내여
잠들지 말아다오
암흑의 어디선가
은둔의 말 한 마리 높이 울고

항구수첩

늦은 밤 다실에는 음악이 없었다
한 여자가 흐린 조명 아래서 음악의 부스러기를 비질하고 있었다
어둠의 바다
정어리떼의 비늘이 희끗희끗 떠다니고 있었다
바바리코트를 펄럭이며 한 사내가
방파제 위에 서 있었다
여기는 바다
그대 그리우면 돌아갈 것임
편지 쓰고 싶었다
허이연 바람이 밀려가고 있었다
다시금 날이 밝고 있었다
생손을 앓으며 뒤채인 지난 밤이
하얗게 표백되고 있었다
부두에는 목선 한 척이 정박해 있었다
인부들이 밤의 시체를 져 나르고 있었다
월요일
다시 개임

다시 빛살
너무 멀리 떠나와 있었다

간혹 왕십리에서 빗소리를 들으며

그대가 내 곁에 누워있을 때만
가을비가 내리는 이유를 몰라요
젖은 잔등을 드러내고
왕십리로 가는 종마
한 마리

꿈에는 보여요
지쳐서 지쳐서 도달하면
문전마다 낯선 사람들

등짐 가득 실려있는 빗물의
설움따위
몰라요

다음날 시뻘건 정육점 불빛에 드러난
아!
탄식의 살덩어리
신문지에 싸여

비로소 사랑을 체념하는
1987년의 여름
곧 가을이 온다는 사실을 알려요
왕십리에
내리는 김소월의 젖은 詩

외등 밑

내가 버린 여자의 눈물이 모두 모여
밤 한 시에 은은히 잠 못들어 있을 때
강물이 한 홉씩 밀려와
내 발목을 적실 때
그동안 주고 받은 편지 속 낱말들이
하루살이떼로 살아나
저기 겨울날 눈발처럼 흩날리고
부질없는 서른살
면목없이 면목없이 너를 만나면
비로소 속이 텅빈 모습 하나 드러나고

生日에

창문은 비좁아도
하늘은 끝간데 없어라
아득한 벌판 끝에서
장발을 나부끼며
우리들 젊은 사랑도 작별하고
우리들 젊은 욕망도 떠나가고
들어라 그대여
시린 비가 내린다
쇠창살 밖에는
젖은 날개 저으며 날아가는
새
한 마리

장마비

　일순의 푸른 번개에 찔려 엎어지는 사내를 보았다. 어두운 강이 사내를 침대에 눕히는 것을 보았다. 알몸으로 사내와 교합하는 어두운 강의 신음을 들었다. 싸늘한 우리들 젊음의 성욕 위에 비가 내리는 것을 보았다.
　휘감기는 물살로 나를 부르는 사랑아 허옇게 부서지는 내 살의 차디찬 마지막을 거두어 다오. 이파리를 흩날리며 포플라들이 쓰러지는 것을 보았다. 대야 가득 구름이 고이는 것을 보았다.
　누우렇게 불어나는 개울물을 보았다. 떠내려가는 그대여

가을비

사랑하는 그대
이제 우리 다시 만나면
소중한 말은 하지 말고
그저 먼 허공이나 바라보다
헤어지기로 할까
귀신도 하나 울고 가는
저녁 어스름
마른 풀잎 위로
가을비가 내린다

잠자리 · 1

뉘우치나니
전생에 人間으로 태어나서
목숨을 바쳐서도 씻지 못할 죄 하나
저질렀다.
사형수가 되어 바라보던 그 하늘이
왜 그리 푸르고 청명했던지
그리운 그대에게로 날아가는 것만이
소망이었다.
오직 날개를 가지는 것만이
소망이었다.
끝없는 時間의 강물을 건너고 건너
이제 나는 한 마리 잠자리로 태어났건만
그대는 지금 어느 윤회의 길목에서
기다리고 있느냐.
날아가리라.
무서리가 내리고
국화꽃이 시들고
문득 겨울 예감이 살갗을 적시면

그때는 내 목숨도 다하나니
몇 만년 윤회를 거듭해도
나는 그대 생각 하나로 눈물겨워라

그대와 헤어지고

그대와 헤어지고
겨울이 온다

영원으로 깊이 잠든
빙하기의 하늘을 지나
비어나간 내 관절 속으로
와서 우는
가느다란 유리새 울음소리

그대도 깨어 있을
지금은 새벽 두 시
빈 조롱 철사줄마다
뜬 눈으로 별들이 매달려 있다

習作期

떠나가 돌아오지 않았지. 날마다 그대 빈방에 진눈깨비 내렸지. 뜨락에 한겹씩 덮이는 어둠. 바람은 대숲에 불어 서걱서걱 내 살을 헐었지

참담한 어둠 저쪽에서 새떼들이 날아와 죽고 그대 건반악기 위에도 날아와 죽고 거울 속의 내 얼굴은 금이 가고 있었지.

듣고 싶어라 그대가 사랑하는 비발디의 겨울. 불행한 그대 시 한줄을 나에게 다오. 그대 노래의 끝에서 일어서는 나무들. 순은의 가지로 빛나게 해다오

실내엔 적막한 어둠 뿐이고 이제 그대는 대답하지 않는다. 닭들이 잠깨어 서성거리는 밤. 한 사내가 열린 현관 앞에 홀로 서 있다. 발밑에는 은박지 담배곽이 구겨져 있다.

면 회

겨울
낯선 여인숙의
일주일
그대 만나러 내가 왔어요
종이 눈이 내려요
야전삽을 들고
그대가 파는
우리들 목숨의 장소
패배한 젊음을
모두 다
묻어서야 되나요
밤이면 그대
턱수염이 자라는
얼굴을 그려서
문풍지를 발라요
한아름 처마 밑에
풀썩풀썩 떨어지는
눈더미 소리

한아름 눈더미를 안고
잠이 들어요

雪 夜

사람들은 믿지 않으리
내가 홀로 깊은 밤에 詩를 쓰면
눈이 내린다는 말 한 마디

어디선가
나귀등에 몽상의 봇짐을 싣고
나그네 하나 떠나가는지
방울소리
들리는데
창을 열면 아무도 보이지 않고
함박눈만 쌓여라
숨죽인 새벽 두 시

생각나느니 그리운이여
나는 무슨 이유로
전생의 어느 호젓한 길섶에
그대를 두고 떠나왔던가

오늘밤엔 기다리며 기다리며
간직해둔 그대 말씀
자욱한 눈송이로 내리는데

이제 사람들은 믿지 않으리
내가 홀로 깊은 밤에 詩를 쓰면
울고싶다는 말 한 마디

이미 세상은 내게서 등을 돌리고
살아온 한 생애가 부질없구나

하지만 이 時間 누구든 홀로
깨어있음으로 소중한 이여
보라 그대 외롭고 그립다던 나날 속에
저리도 자욱히 내리는 눈

아무도 걷지 않은 순백의 길 하나
그대 전생까지 닿아있음을

광장의 저녁바람

이제 우리도 떠나자
더 이상 어두워지기 전에

박수도 없는 빈 층계 위로
한 겹씩 날아오르는
빈 껍질의 비둘기들

바람이 불고 불이 꺼진다
쓸쓸히
누군가 은퇴하고 있다

빈 손

해가 지면 우리는
어디서 모여 살리
저문 벌판을 절룩절룩 헤매다
결국은 제자리로 돌아와
살을 허는 허수아비

한번 더 비 내리면
그때는 겨울이다
옥수수 마른 대궁은
저녁바람에 서걱이고
그대는 먼 하늘 끝으로
새 한 마리를 날린다

목 발

오래 전에 전쟁이 끝나고
이제는 소문도 종식되었다

불이 꺼지고
마지막으로 흐리게 지워지는 주점
거리는 폐항처럼 정박해 있다

이 時間
누군가 돌아오고 있다

북구의 겨울
歲月이 모든 기억을 지울 수 있는 것은 아니다

밤마다 한 여자가 홀로 깨어서
램프의 심지를 태우고 있다
불빛에 젖은 창문
차이코프스키의 비창

이러한 時間
눈보라는 치는데
목발 하나 쓰러질 듯 현관문에 기대어
듣고 있다

누님생각

설레며 손거울 닦고 화투장을 떼면서
비 광짜리 한 장에 우산 들고 오시는 분
먼길에도 잘 보이라 등불 하나 밝혀 놓고
홍매화 가지 끝
저승 한 번 다녀와서

강 건너 물푸레 숲 헤어지던 길도 저물면
별들의 젖은 눈시울 흔들며
개구리 떼는 울고
모기불 가늘은 연기 따라
파랑새로 앉았다가
오늘은 저기 물가에 달맞이꽃도 되었다가

失行症

여름이 끝나는 지방신문사 정문 앞
실삼나무 한 그루 가만히 물드는 오후
게시판에는 활자들이 죽고 다시
가난한 사람 하나가 수혈을 기다리고

퇴근 무렵 무슨 일로
이 도시 복판에 날아들었을까
나비 한 마리
나처럼 길을 잃고 헤매는데
문득 갇혀버린 목숨
푸른 풀밭에 눕고 싶어라

雨季

밤마다 머리풀고 가문비나무 숲이 울더라
먼 강물 자욱히 물 넘는 소리
무덤마다 비가 오리라
쑥대풀은 우거지고
쓰러지고
반딧불 한 점 불려가더라
모두가 빈집이더라
다만 자정 무렵 한 남자가
절벅절벅 젖은 양말로 돌아와
램프의 심지를 죽이며 낮게 울더라

正午

언제나 아내는 홀로 外出한다
하얀 고요의 背面에서 유지매미가 울고 있다
문득 옥양목 빨래 한 장이 떨어진다

졸음이 반만 머리 위에 머무르고
나는 표백된다

한 번의 바람
마당 가득 쏟아지는 나무 이파리

내가 사라지고 없다는 생각을 한다
하얀 고요의 背面에서 유지매미가 울고 있다

물레曲

해가 진다
지고 마는 해를 건지며
여름은 가고 빈 목화밭
바람 분다
손거울 속에 죽어서
이제는 꽃이 된 누이를
아무도 증언하지 않는다
밤이면
주황색 비늘을 떨구는 등불이
소리없이 지는 능금밭 가에 서성거리면
그 밤에 몰래 훔친 누이의
생머리 냄새
흐르는 강물소리 아득함이다

비로소 모든 時間이 목마르고
누룩냄새 익는 방에 잠들고 싶어
잠들고 싶어
홀로 살던 누이의 무명실 그림자

저어도 저어도 끝나지 않던 물레소리
아 바람
엄동에 아득히 떠나가던
방패연 하나
지금은 산 너머 그 산
앙상한 물푸레나무가지로
지나가는 바람이 될 뿐

돌아 누운 머리맡
葉書 한 장 오지 않는다
문병 없는 이 하루 이마를 짚고
긴 물레소리 듣고 있다
저 무성한 누이의 능금밭
마침내 우수수 나무잎이 지고 있다

칼

풀무질을 한다
우리는 아무 말도 하지 않는다
돌아가신 숙부의 방안 가득히
보아라 한 물지게 노을만 엎질러져
활활 붉게 타고 있을 뿐
오오랜 유랑에서 다시 돌아와
허물어진 집터에서 닭들을 잠재우면
우리가 묵묵히 지켜온
저 적막한 어둠
주인 없이 돌아오는 말들의 피곤한 그림자
말들의 피곤한 그림자
한밤중 차거운 달빛으로 칼을 닦고
칼의 시퍼런 울음을 듣던 숙부는
저 허공 어디쯤
아직도 칼의 울음을 데리고
잠든 풀잎들을 깨우고 있는가
풀무질을 한다
한 부삽씩 우리들 믿음을 퍼 넣으면

허약한 젊음 버림받는 서적들을 불태운다
숨죽이는 바다 긴장하는 달빛
묘지마다 비석들이 눈을 뜨고
죽었던 이들의 무덤마다에서 징이 운다
은둔 끝에 우리는 동굴이 되고
깊이를 알 수 없는 울음이 되고
풀무질을 한다
바람만 불어도 허물어지는
이 세상 모든 것들아 잠들지 마라
이 세상 모든 것들아 잠들지 마라
뜨거운 불 속에서 타고 있는
우리들의 뼈를 보라
오, 어둠 어디에서고 꺼내들면
그 어떤 어둠도 깨어지고
마침내는 우리를 쏟아지는 빛 속으로 인도하는
영혼의 칼이여

혀 꼬부라진 소리로

물이 흐르듯이 時間이 흐르지 않는다

여관 주변에는 룸싸롱
돈은 벌었어도
아직 외로운 사람들
홍도야 우지마라
오빠가 있다고 노래 부르는데

장마비도 연일 내리는데

물이 흐르듯이 時間이 흐르지 않는다

말하는 재미는 위험
가슴 속에 끼어있는 이끼여
초록이었던가
갈색이었던가

아무래도 좋은 이 세상을

결코 물이 흐르듯이 사랑도
흐르지 않는다
장마비도 연일 내리지만

비단개구리의 노래

친구야
밤이 오는구나
돌아오면 언제나 유령처럼
개똥벌레가 바람을 타고
스무나므 계단이 헐린 나의 폐원

간밤 폭우에
함몰한 백일홍 꽃밭
나도
부러진 모가지만 남아
하늘을 할퀴고 있네

습성의 뼈를 게워내며
후원 늪 속에서
울어쌓는
비단개구리

보아라 독살당한

내 젊은 나무뿌리에
숨죽여 내리는 비

악보적기

베토벤을 사랑하는 사람은
베토벤을 위하여 울지 말 것
베토벤을 사랑하는 사람은
베토벤을 위하여 말하지 말 것
높은 음자리표가 없는
푸른 오선지
제일 윗줄에 어둠의 새 삼백 마리
가운데 줄에 어둠의 새 삼백 마리
날이 저물면
일제히 새들도 날려 보내고
소나기 소리만 남도록 할 것
흩어지는 새떼를 따라
그대의 시간도 해체되고
공허하리라
그러한 날마다
새벽까지
반은 잠들고 반은 깨어서
베토벤을 사랑하는 사람은

이 악보대로 연주할 것
베토벤을 사랑하는 사람은 새벽까지
베토벤을 사랑하는 사람은 새벽까지

봄감기

겨울에 얼어 죽은 가래나무 빈 가지에
겨울에 얼어 죽은 가래나무 새 한 마리
날아와 울 때까지
봄밤에도 몇 번이나 눈이 내리고
더러는 언 빨래들 살을 부비며
새도록 잠을 설치는 소리

황사바람이 불고 흐린 산들이 떠내려가고
다음 날 이마 가득 금줄무늬로 햇빛 어리어
문득 그리운 이름 하나 떠올리면
살아 죄없을 사람들은 이미 죽어서 풀잎이 되고
봄감기 어지러운 머리맡
어느 빈 터에선가
사람들 집짓는 소리
집짓는 소리

여름의 끝

이제 여름은 가고
육림공원 빈의자에
노오란 페인트가 마르고 있다
낮은 음악이 등 뒤로 다가와
등넝쿨을 가만히 흔들고 있다
구관조 새장 앞에서
조그만 아이 하나가 말을 가르치고 있는 소리
사
르
비
아
햇빛 속에 한 줄로 피어 있다

作業

해가 지는 時刻이면
빈 둥지를 헐고
푸득푸득 떠나는 새들의 날개소리
지난 여름 庭園의 식탁 위에는
한 줌 시계꽃도
시들고

가시박힌 손톱을 앓으며
暗電의 都市에서 내가 지피는
작은 목숨의 불씨

서랍 속엔
한 마리 도마뱀이 자라고 있다

날이 어두워진다
저마다 작은 목숨의 불씨를
하나씩 물고
한 이만 년 전의 어둠 속으로

날아간 새들
캄캄한 하늘에
하나
둘
초록불이 켜진다

아 이

휘이 새떼야 해가 저문다
온 하루 강가에서
물모래를 건지다가 생콩 한 줌 먹고
물구나무 서보고
배고파, 새파란 입술로
돌아오고 있을 때
우두벌판 노을도 눈물겹구나
문득 돌아보면
먼 허공
휘이 새떼야 해가 저문다

잠자리·2

사람이 태어나 무엇처럼 죽으리
다만 사람으로 죽을 뿐
세상에 존재하는 그 모습 모두
저인줄을 알면 눈물겨워라
끝없이 태어나는 내 삶 속에서
오늘 이 바지랑대 끝에
외로이 앉았다 날아가느니

술 길

사람의 마음이나
별의 마음이나
다를 바 없어서
흐린 날에도 별은
다만 보이지 않을 뿐
그대로 있네

술잔이 질그릇이
아니라 하더라도
마신 다음 날리는 내 탁자의 꽃잎
어쩔 수가 없네
어쩔 수가 없네
오늘은 보이느니
저 은하계를 걸어가는 노인 하나
존함을 물으니
단 세 음절
이
태

백
이라고

초병의 노래

함몰하는 바다로 가게 해 다오
스스로 멸망하는 자유를 다오
사랑도 길이 막힌 가을비의 밤

수국밭에서

도로변 꽃집 꿈꾸는 수국밭에서
암록빛 배암이 꽃을 게울 때
都市에서 하루 한번씩
꽃집 창 앞을 기웃거리던 버릇을
생각하는 친구여 차를 들게
지금은 비가 오지만
그리운 이유조차 알 수 없지만
몇년이 지나도 아는 이 없는 거리
따뜻한 커피잔 속에 보이는 친구여
도무지 사는 일이 힘들어 야위어가는
네나 내나 동무 삼는 수국밭에서
하루 한번씩 그립던 버릇을 생각하는
친구여

천체 망원경을 보면

늙은 아인슈타인이 홀로 산책을 하며
하늘 변두리에서 밀감을 따고 있었다

그때는 새벽 두 시
기차가 은빛 갈매기 떼를 풀어 놓고
텅 빈 망원경 속을 달리고 있었다

어디를 가나
정다운 눈물의 분말로 덮여 있는
저 은하수 길의 자유

앵두 한 알

어린시절
처음으로 내 가슴
설레게 하던
여자애
가시에 찔린 손가락
호오 불어 주었지
그 선명한 피 한 방울
아직도
가슴 아리게 하네

새벽 여인숙에서

톱밥 난로가 식고 새벽닭이 울기 시작했어
어둠은 오래도록 내 어깨를 짚고 서성거렸어
쥐들이 밤새도록 모래를 흘리며 기어다니고
허이연 바람이 일어서고
다시금 달력 한 장이 펄럭펄럭 떨어졌어
탱자나무 울타리에서 굴뚝새가 날아올랐지
역이 꿈틀거리기 시작했어
수은주의 눈금이 조금씩 낮아지고 있었어
간밤 잠을 설친 기억들이 기차에 실리고 있었어

금관악기 진혼곡

미치거라 해지는 서쪽바다 청산가리 마신 가슴
저승에도 이승에도 마음 못두고
우리 헤어지며 마신 산타비토리아産
포도주 병에 활활 노을 타누나

불 빛

배추흰나비 한 마리 강물 위를 날고 있다
해는 이미 지고
허전한 내 무릎 가득 술렁이는 갈대밭
지워지고
다만 배추흰나비 한 마리만
지워질 듯 지워질 듯 날아서
하나님 귀밑으로 가고 있다
우리가 말 못하고 돌아 앉아
낮술이나 마시던 그 설움의 끝
멀리 갈릴리 바다 불빛이 하나

뱀

 창세기와 이십세기의 머나먼 세월을 배로만 기어와서 아무 이유도 모르는 채 아직도 돌을 맞고 피 흘리며 죽어가는 초록빛 목숨.
 이브를 유혹한 죄의 댓가로 받은 증오와 살의와 저주와 형벌만 남아 있고 창조주의 실패는 묵인되어져 있는 아주 억울한 척추동물.
 더러는 꽃나무에 칭칭 감겨 몸살을 앓는 화사한 시 한 줄.

객 지

달밤에는 빈 집 마당 가득
하얀 광목이 널리고
모두가 떠나버리고
겨울이 오지
수몰촌 남전리 물 속에 빠진 별들아

밤물새 한 마리
하얀 성에 가루를 털며
산 그림자 속으로 지워지면
이제는 목놓아 울 이유도 없이
홀로 여기 버림받은 고마움이여

지렁이

도대체 내가 무얼 잘못했읍니까?

네 필의 말과 마차

　동남쪽에서북서쪽으로팔백걸음을도망치고거기서북극성을보며북극성과나란히걸어서삼십보를서행하라바위가하나머리카락을숨기고누워있다머리카락을잡아당기면문이열린다거울속에보이는고요한나라죽어서다시만날네혼이보인다

　문이잠긴다암전한다쓰러지는도시쓰러지는노을쓰러지는바다쓰러지고문이잠긴다암전한다목이잘린개들이밤마다떼지어내달려가던나의벌판지금은삭막한바람내일은비가올것이다암전한다

　접힌칼날을펴서누구를찌르려고하면내칼날의속은언제나비어있다밤이면밧줄을들고내게로오는저마부의완강한팔뚝나는마차를끌고어디로가야하나벤조를치면서해골하나가겨울나뭇가지에앉아울고있다

　하루에도몇번씩죽어서만나는것은죽어있는나이

다 나는평면에다그려놓은정육면체다그림자가없다 허공에는차례로떠오르는일곱개의달우주는정칠면 체다구름의방향은정칠면체의바깥이다정육면체는 벽에다그려놓아도평면이다눕혀놓거나세워놓으면 선이된다전선처럼가늘게그어지는선이되어바람이 불면울기시작하는내신경들이여

변주곡

변두리로만 떠돌던
내 이십대의 겨울
여자들이 언제나 먼저
나를 버렸지

폐결핵을 앓던 나날
굳게 닫힌 유리창 앞에 서면
가슴안에 돋아나는 저승꽃도 보였지
손톱으로 성에를 긁어내며
봄
이라고 자꾸만 써보곤 했지

밤이되면 벽 속에는
가득한 바람소리
떠나간 이들의 소식은
모두 끊어지고
잠들면 밤새도록 폭설이 내려
적설량은 내 키보다 높아만 가고

빙점에 머물러 얼어 붙은 채
누구의 입김으로도 녹일 수 없었던
詩
사랑
눈물
이라는 생명의 말들
방안 가득 하얗게 죽어있는
파지들이여

그러나 용서하라
아무런 의미도 없이
나는 아직 이렇게 살아 있나니
한세상 어둠 안고 떠돌다가
어느새 마흔해가 흘러갔는데
오늘 서울행 버스에서 본 경춘가도
무더기로 개나리가 피어 있더라

누구의 입김으로도 녹일 수 없었던

내 이십대의 겨울
詩
사랑
눈물
모두 한 자리에 되살아나서
축제로 눈부시게 밝아 있더라

사람만은 떠나서
되돌아오지 않고
다만 의암호 깊은 물에
반짝이는 물비늘

그 겨울의 가난이
내 사랑을 죽였다 하더라도
내 낱말은 죽일 수가 없었으리

폐결핵을 앓던 나날
굳게 닫힌 유리창 앞에 서면

가슴안에 돋아나는 저승꽃도 보였지만
손톱으로 성에를 긁어내며
봄
이라고 자꾸만 써보기도 했지만

초저녁 강가에서

헤어진 사랑
땅에서는 바위틈에 피어나는
한 무더기 꽃
하늘에서는 달이 되고 별이 되고
또 더러는 내 소중한 이의 귀밑머리
거기에 무심히 닿는 바람소리

스무살의 수채화

비단실을 물에 띄우며 건지며
개구리들이 우는 율문리
혼자 사는 여자의 과수원을 지날 때
배나무꽃 비 먹어 지는 것을 보았지

春川에서

이제는 눈을 감고 편안히 떠내려 가야지
내가 기른 물뱀이나 두어 마리 데리고
발목에 마름풀이 감기면 마름풀
올올이 음표들을 매달아 풀어뜨리고
하모니카 에이장조 낮은 음으로 불면서
떠내려 가야지 떠내려 가야지
오늘은 가는 귀 먹은 내 머리맡
스적이는 풀잎소리
저 강물 가득히 별이 번지는 春川風景

은행나무

너는 언어의 비늘이다 아침에
제일 먼저 바람을 받아 잘게 썰어서
한짐씩 내 뜨락에 쏟아 놓고
노오란 햇빛만 새로 솎아서
내 빈 가방 속에 담아 놓고
더 멀리도 더 가까이도 갈 수 없는 거리
첫 사랑 속 태우던 그 먼 시간
모두 모아 물소리로 설레고 있다

등 꽃 · 1

제일 먼저 꽃 피는 것도
그대 등 뒤에
제일 나중에 꽃 피는 것도
그대 등 뒤에

돌아보아, 라고 문득 말하면
어느새 사라지고 없네

아무튼 쓸쓸한 건 하늘이겠지

등꽃 · 2

천리나 먼 데서
어릴 적 山門에 든 친구 하나 찾아와
탁자 위에 꽃잎을 몇 점 뿌리더라
마흔에 아는 바 없이 그 꽃을 보며
문득 생각하니
꽃이 무엇이고 사람이 무엇인지
오늘 돌아가 쳐다보는 내 방 천장에
그 대답이 있을까
다만 쓸쓸한 건 또 하늘이지

할머니가 해 주신 옛날 이야기

호랑이가 제일 무서워 하는 것이
하루살이래
하루살이 호랑이 눈가에
어지러울 때
그것을 잡기위해
그 눈을 찢기 때문이 아니라
호랑이도
호랑이도
안다는구만
하루살이
물 속에서 삼년 동안 애벌레로 살은 뜻을.

장님의 피리

캄캄한 천길벼랑 맹목으로 더듬다가
은둔의 목숨으로 살을 허는 피리소리
달빛도 넘친다 서걱이는 참대밭
허공에 얼굴두고 낮술에 취해 울던,
아무리 휘저어도 닿는 것은 어둠 뿐인,
한 생애 허물을 벗고 몸을 푸는 먹구렁이

꽃 뱀

간다 화냥년아 몸살나는 늦보리밭에 출렁대는 달빛아 저승에도 이승에도 이제 나는 못살아 찔레덤불 위에다 허물 한겹 걸어놓고 핏물 독물 다 뱉어서 사르비아 불태우고 보아라 매독으로 돋아나는 맨살 가득 꽃점비늘

난초꽃 피는 송춘섭의 셋방

그 집에 가면 나란히
사람들이 앉아
못 먹어도 고다
꽃들을 화난 듯이 마주앉은 사람에게 던지지
꽃을 맞고 하하하 웃더라니까
나는 정말 세상살이에 화가나서
오줌이나 시원히 눌까 하고 화장실에 갔더니
있지 타일벽에
나란히 나란히
붓꽃 제비꽃이 일렬로 서서
선생님 오늘도 잃으셨나요
깔깔깔
소리내어 웃더라니까

자장가調

아가야 비가 온다 호롱꽃 속에 숨어 가만히 오는 사람 반짓고리 둘레마다 호롱불 켜놓고 한 세월 떠나갈 옷을 깁더니 아무리 만져도 만져지지 않으면서 네 손금 속 가득히 물소리로 오는 사람 아가야 눈감아라 모란 밑에 숨어라 솔잎 타는 저녁에 솔잎 타는 연기로 저기 동구 밖 누가 오나 보아라

벚 꽃

오늘 햇빛 이렇게 화사한 마을
빵 한 조각을 먹는다
아 부끄러워라
나는 왜 사나……

퇴근

날마다 오후 여섯시부터
길을 잃어 버리는 당신.

葉書

울기 위해서 태어난 것이 아니다
더 높이 날수록 더 멀리 있는 그리움을 보는 눈
해마다 겨울이면
눈 내리는 내 방 창가로 날아와서
오스스 떨고 있는 記憶의 새 한마리

발자욱

내가 원해서 내 목숨이 조금씩 스러지고
스러진 목숨 뒤에는 꽃이 피게 하소서
발자욱마다 면목 없는 서른의 나이
고이는 빗물이든 담기는 눈송이건
모두가 내 마음 전부는 아니었으니
이제는 눈물로나 가득 채울 일
채운 뒤에 내 뜻대로 텅 비우게 하소서

동전의 노래

마침내 나 여기 버림받아
그늘진 담장 아래 떨어져 있다.
철사줄 한 토막이 될 지언정
돈이라는 이름으로는
태어나고 싶지 않았어라.
바람에 쓸려가는 휴지조각 하나도
한때는 자랑스러운 제 모습이 있었나니
부끄러워라
죄악의 이름
人間들의 가슴을 눈 멀게 하네.
하지만 위안컨대 나는 겨우 동전 한 닢
차라리 人間에게 버림받는 고마움이여
녹슬어가는 이 時間이 더욱 평화로워라.
어느날 철모르는 아이 하나 나를 주워
잘 닦아 가지고 놀다가
무심코 심심해져 멀리멀리 내던지면
그날밤 그 아이 곤히 잠든 방
창문 가득 별들이 총총하고

나는 그 중에 가장 가까이서 빛나는
별이 되고 싶어라.

李外秀의 詩 뒷편에

최 돈선(詩人)

 몇 번이나 망설였는지 모른다.
 친구가 쓴 연애엽서를 위하여 발문이랍시고, 그가 남겨 둔 여백에 개칠을 한다?
 그러나 문득 그리워지는 얼굴이 떠오를 때, 이제는 이곳에 없는 사랑하는 사람의 쉰듯한 목소리가 듣고 싶어질 때, 풀잎같은 사랑편지 한 장 바람에 띄우는 법이다. 가장 근원적인 감정이 바로 연애감정이다. 어떤 대상이 있어서가 아니다. 대상이 없는 〈無〉에서부터 인간의 가장 원초적인 사랑노래가 싹트는 것이다.
 李外秀는 매일매일 울면서 살아왔다. 그 울음이 신파조였건 순수감정이었건 우리가 알 바 아니다. 울 수 있다는 현재의 삶이 소중하다. 울지 못하는 사람들을 위하여 우는 연습이라도 보여 주고 싶었는지도 모른다.
 그리하여 68편의 울음이 담긴 그의 소중한 엽서 시들이 우리를 눈물겹게 만든다. 감상적이고 비사회적이고 소녀적이라고는 말하지 말라. 누구나 자신의 가장 깊은 곳은 소녀적인 것이니까.

물론 이 시대가 요구하는 분노의 소리들을 모르는 바는 아니다. 그러나 그러한 목소리 뒤에도 외롭고 슬픈 감정이 존재한다는 사실이 더욱 우리를 쓸쓸하게 한다.

1971년 봄에 처음 李外秀와 만났을 때도 그런 감정이었다. 그는 너무 말라 있었다. 북어같이 메말라서 성냥 한 개피를 그어대면, 그는 활활 불타오르는 사르비아꽃이었을 것이다. 그러나 그의 눈만은 항상 초롱초롱 빛나서 무언가 심상찮은 번뜩임을 예감하기도 했었다.

그가 입은 바바리 코트에 얼룩진 형형색색의 유화물감은 그를 위대한 화가로 만들어 주기에 충분했었다. 그는 위대한 화가는 아니었지만, 위대한 꿈을 꾸는 환쟁이는 될 수 있다고 믿는 편이었다.

서로가 가난한 것을 확인하고, 마음 맞춰 살면 어떻겠느냐는 그의 제의에 나는 얼떨결에 그와 함께 자취생활에 들어갔다. 李外秀는 밥이란 한 음절의 단어를 마치 시 대하듯 한다. 밥 먹기가 부끄럽다는 것이다.

언젠가 밥알을 일렬로 밥상모서리에 정열시킨 후, 젖가락으로 한 점 한 점 집어먹으면서 하는 말이 백치다. 요즘 밥맛은 밥맛없다, 였다. 하기야 겨울에 연탄불도 꺼지고 꽁꽁 언 밥알을 우적거리면서 먹자니 그럴 법도 하다고 나는 이해하였다.

李 外秀는 매일 저녁 캔버스를 앞에 하고 그림을 그린다. 주로 소녀의 모습이다. 청색의 강물이 흐르는 배경이 오버랩 되어진 꿈꾸는 듯한 소녀상이 그의 시이다.

그는 매일 엽서 한 장을 그리고 그 여백에 시를 쓴다. 나무가 외롭게 서 있고 누군가 고개 숙여 혼자 가고 있다. 구름 한 장 외롭게 구겨져 있으며, 때로는 피 흘리는 한 사람의 죽음이 있다. 벌레 먹은 사과 한 알과 그 사과의 속살을 헤집는 하얀 벌레의 꿈틀거림도 있다. 엽서엔 오직 그림과 시가 하나씩 뿐이다. 그 그림엽서를 누구에게 띄우는 것인지를 나는 모른다. 아침이면 어김없이 사라져 버린다. 그렇다고 찢어버린다거나 불태운다거나 하는 것도 아니다. 그냥 없어진다. 누구에게 보내는 메시지일까? 그런 것에 나는 개의치 않기로 마음 먹는다.

이제 마흔이 넘어서야 나는 外秀가 왜 그토록 밤마다 절망하면서 대상없는 사랑엽서를 띄워야 했던가를 알 것도 같다. 밤이면 문밖에서 늦도록까지 울어대던 부엉이의 울음을 안쓰러워 하는 뜻, 무언가 그립다 라는 속앓음의 표현이라고 단순히 생각해 볼 뿐이다.

지나쳐 온 것은 모두가 아름답다고 했던가. 왠지 모르게 밀물처럼 다가오는 저 먼 과거의 쓰라림마저도 그리울 때가 있는 법이다. 허망이란 단어 하나를 지워버리고 사랑이란 단어 하나를 남몰래 적어보는 마음이 결코 유치할 수만은 없다는 생각.

주착없이 나이만 먹어가고 버림받은 느낌만 가득해서 억울한, 엉엉 울어버릴 나이는 지났다는 때문은 세월의 앙금이 마음을 닫는, 오로지 먹고 살기 위하여 돈을 벌고 낙엽같은 지폐 몇 장이 던져주는 스산한 겨울 가슴을 잊어야 할 때다.
가을이다.
모두를 잃어버리는 가을이다.
이 가을에 가장 완전하게 잃어버릴 수 있는 자만이 누군가를 사랑할 수 있는 사람이다. 어줍잖게 李 外秀의 시가 이렇궁 저렇궁 어떻다고 떠벌이고 싶지는 않다. 그냥 그의 시를 읊조리면서 가을에 죽어가는 사물들을 뜨거운 마음으로 간직하자.
그렇다. 누구나 시인이다.
마음 안에 소중한 불씨를 간직한 사람이 바로 진정한 시인이랄 수 있다. 끊어진 연 하나 겨울산을 훠이훠이 날아가는 꿈을 꾸는 사람이 시인이다.
서로 얼굴을 모르는 채 기우는 어깨를 받쳐 줄 사랑하는 사람아.
간절히 간절히 부르고 싶은 이름이 저마다 황량하도록 남아있다면 우리는 행복하다.
外秀야.
눈물없이 살아 온 지난 날이 목메이도록 남아 있다면 목청껏 이 나라를 노래하는 거다. 오스스 떠는 새 한 마리 가슴팍에 키우며, 아아 산다는 건 눈물겹다, 이렇게 외쳐보는 거다.

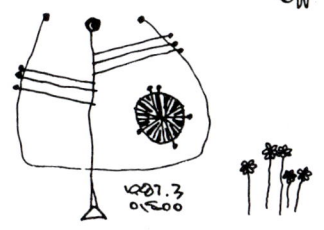

풀꽃 술잔 나비

초판발행 : 1987년 10월 15일
12쇄발행 : 2003년 12월30일

지은이 : 李外秀
총편집 : 韓仁淑
펴낸곳 : 東文選
제10-64호, 78. 12. 16 등록
110-300 서울 종로구 관훈동 74
전화 : 737-2795

ISBN 89-8038-850-6 03810

【東文選 現代新書】

1	21세기를 위한 새로운 엘리트	FORESEEN 연구소 / 김경현	7,000원
2	의지, 의무, 자유 — 주제별 논술	L. 밀러 / 이대희	6,000원
3	사유의 패배	A. 핑켈크로트 / 주태환	7,000원
4	문학이론	J. 컬러 / 이은경·임옥희	7,000원
5	불교란 무엇인가	D. 키언 / 고길환	6,000원
6	유대교란 무엇인가	N. 솔로몬 / 최창모	6,000원
7	20세기 프랑스철학	E. 매슈스 / 김종갑	8,000원
8	강의에 대한 강의	P. 부르디외 / 현택수	6,000원
9	텔레비전에 대하여	P. 부르디외 / 현택수	7,000원
10	고고학이란 무엇인가	P. 반 / 박범수	8,000원
11	우리는 무엇을 아는가	T. 나겔 / 오영미	5,000원
12	에쁘롱 — 니체의 문체들	J. 데리다 / 김다은	7,000원
13	히스테리 사례분석	S. 프로이트 / 태혜숙	7,000원
14	사랑의 지혜	A. 핑켈크로트 / 권유현	6,000원
15	일반미학	R. 카이유와 / 이경자	6,000원
16	본다는 것의 의미	J. 버거 / 박범수	10,000원
17	일본영화사	M. 테시에 / 최은미	7,000원
18	청소년을 위한 철학교실	A. 자카르 / 장혜영	7,000원
19	미술사학 입문	M. 포인턴 / 박범수	8,000원
20	클래식	M. 비어드·J. 헨더슨 / 박범수	6,000원
21	정치란 무엇인가	K. 미노그 / 이정철	6,000원
22	이미지의 폭력	O. 몽젱 / 이은민	8,000원
23	청소년을 위한 경제학교실	J. C. 드루엥 / 조은미	6,000원
24	순진함의 유혹〔메디시스賞 수상작〕	P. 브뤼크네르 / 김웅권	9,000원
25	청소년을 위한 이야기 경제학	A. 푸르상 / 이은민	8,000원
26	부르디외 사회학 입문	P. 보네위츠 / 문경자	7,000원
27	돈은 하늘에서 떨어지지 않는다	K. 아른트 / 유영미	6,000원
28	상상력의 세계사	R. 보이아 / 김웅권	9,000원
29	지식을 교환하는 새로운 기술	A. 벵토릴라 外 / 김혜경	6,000원
30	니체 읽기	R. 비어즈워스 / 김웅권	6,000원
31	노동, 교환, 기술 — 주제별 논술	B. 데코사 / 신은영	6,000원
32	미국만들기	R. 로티 / 임옥희	10,000원
33	연극의 이해	A. 쿠프리 / 장혜영	8,000원
34	라틴문학의 이해	J. 가야르 / 김교신	8,000원
35	여성적 가치의 선택	FORESEEN연구소 / 문신원	7,000원
36	동양과 서양 사이	L. 이리가라이 / 이은민	7,000원
37	영화와 문학	R. 리처드슨 / 이형식	8,000원
38	분류하기의 유혹 — 생각하기와 조직하기	G. 비뇨 / 임기대	7,000원
39	사실주의 문학의 이해	G. 라루 / 조성애	8,000원
40	윤리학 — 악에 대한 의식에 관하여	A. 바디우 / 이종영	7,000원
41	흙과 재〔소설〕	A. 라히미 / 김주경	6,000원

42 진보의 미래	D. 르쿠르 / 김영선	6,000원
43 중세에 살기	J. 르 고프 外 / 최애리	8,000원
44 쾌락의 횡포·상	J. C. 기유보 / 김웅권	10,000원
45 쾌락의 횡포·하	J. C. 기유보 / 김웅권	10,000원
46 운디네와 지식의 불	B. 데스파냐 / 김웅권	8,000원
47 이성의 한가운데에서 — 이성과 신앙	A. 퀴노 / 최은영	6,000원
48 도덕적 명령	FORESEEN 연구소 / 우강택	6,000원
49 망각의 형태	M. 오제 / 김수경	6,000원
50 느리게 산다는 것의 의미·1	P. 쌍소 / 김주경	7,000원
51 나만의 자유를 찾아서	C. 토마스 / 문신원	6,000원
52 음악적 삶의 의미	M. 존스 / 송인영	근간
53 나의 철학 유언	J. 기통 / 권유현	8,000원
54 타르튀프 / 서민귀족 〔희곡〕	몰리에르 / 덕성여대극예술비교연구회	8,000원
55 판타지 공장	A. 플라워즈 / 박범수	10,000원
56 홍수·상 〔완역판〕	J. M. G. 르 클레지오 / 신미경	8,000원
57 홍수·하 〔완역판〕	J. M. G. 르 클레지오 / 신미경	8,000원
58 일신교 — 성경과 철학자들	E. 오르티그 / 전광호	6,000원
59 프랑스 시의 이해	A. 바이양 / 김다은·이혜지	8,000원
60 종교철학	J. P. 힉 / 김희수	10,000원
61 고요함의 폭력	V. 포레스테 / 박은영	8,000원
62 고대 그리스의 시민	C. 모세 / 김덕희	7,000원
63 미학개론 — 예술철학입문	A. 셰퍼드 / 유호전	10,000원
64 논증 — 담화에서 사고까지	G. 비뇨 / 임기대	6,000원
65 역사 — 성찰된 시간	F. 도스 / 김미겸	7,000원
66 비교문학개요	F. 클로동·K. 아다-보트링 / 김정란	8,000원
67 남성지배	P. 부르디외 / 김용숙 개정판	10,000원
68 호모사피엔스에서 인터렉티브인간으로	FORESEEN 연구소 / 공나리	8,000원
69 상투어 — 언어·담론·사회	R. 아모시·A. H. 피에로 / 조성애	9,000원
70 우주론이란 무엇인가	P. 코올즈 / 송형석	8,000원
71 푸코 읽기	P. 빌루에 / 나길래	8,000원
72 문학논술	J. 파프·D. 로쉬 / 권종분	8,000원
73 한국전통예술개론	沈雨晟	10,000원
74 시학 — 문학 형식 일반론 입문	D. 퐁텐 / 이용주	8,000원
75 진리의 길	A. 보다르 / 김승철·최정아	9,000원
76 동물성 — 인간의 위상에 관하여	D. 르스텔 / 김승철	6,000원
77 랑가쥬 이론 서설	L. 옐름슬레우 / 김용숙·김혜련	10,000원
78 잔혹성의 미학	F. 토넬리 / 박형섭	9,000원
79 문학 텍스트의 정신분석	M. J. 벨멩-노엘 / 심재중·최애영	9,000원
80 무관심의 절정	J. 보드리야르 / 이은민	8,000원
81 영원한 황홀	P. 브뤼크네르 / 김웅권	9,000원
82 노동의 종말에 반하여	D. 슈나페르 / 김교신	6,000원
83 프랑스영화사	J.-P. 장콜라 / 김혜련	8,000원

84	조와(弔蛙)	金教臣 / 노치준·민혜숙	8,000원
85	역사적 관점에서 본 시네마	J. -L. 뢰트라 / 곽노경	8,000원
86	욕망에 대하여	M. 슈벨 / 서민원	8,000원
87	산다는 것의 의미·1—여분의 행복	P. 쌍소 / 김주경	7,000원
88	철학 연습	M. 아롱델-로오 / 최은영	8,000원
89	삶의 기쁨들	D. 노게 / 이은민	6,000원
90	이탈리아영화사	L. 스키파노 / 이주현	8,000원
91	한국문화론	趙興胤	10,000원
92	현대연극미학	M. -A. 샤르보니에 / 홍지화	8,000원
93	느리게 산다는 것의 의미·2	P. 쌍소 / 김주경	7,000원
94	진정한 모럴은 모럴을 비웃는다	A. 에슈고엔 / 김웅권	8,000원
95	한국종교문화론	趙興胤	10,000원
96	근원적 열정	L. 이리가라이 / 박정오	9,000원
97	라캉, 주체 개념의 형성	B. 오질비 / 김 석	9,000원
98	미국식 사회 모델	J. 바이스 / 김종명	7,000원
99	소쉬르와 언어과학	P. 가데 / 김용숙·임정혜	10,000원
100	철학적 기본 개념	R. 페르버 / 조국현	8,000원
101	음악이란 무엇인가	N. 쿡 / 장호연	근간
102	글렌 굴드, 피아노 솔로	M. 슈나이더 / 이창실	7,000원
103	문학비평에서의 실험	C. S. 루이스 / 허 종	8,000원
104	코뿔소 (희곡)	E. 이오네스코 / 박형섭	8,000원
105	지각—감각에 관하여	R. 바르바라 / 공정아	7,000원
106	철학이란 무엇인가	E. 크레이그 / 최생열	8,000원
107	경제, 거대한 사탄인가?	P. -N. 지로 / 김교신	7,000원
108	딸에게 들려 주는 작은 철학	R. 시몬 셰퍼 / 안상원	7,000원
109	도덕에 관한 에세이	C. 로슈·J. -J. 바레르 / 고수현	6,000원
110	프랑스 고전비극	B. 클레망 / 송민숙	8,000원
111	고전수사학	G. 위딩 / 박성철	10,000원
112	유토피아	T. 파코 / 조성애	7,000원
113	쥐비알	A. 자르댕 / 김남주	7,000원
114	증오의 모호한 대상	J. 아순 / 김승철	8,000원
115	개인—주체철학에 대한 고찰	A. 르노 / 장정아	7,000원
116	이슬람이란 무엇인가	M. 루스벤 / 최생열	8,000원
117	테러리즘의 정신	J. 보드리야르 / 배영달	8,000원
118	역사란 무엇인가	존 H. 아널드 / 최생열	8,000원
119	느리게 산다는 것의 의미·3	P. 쌍소 / 김주경	7,000원
120	문학과 정치 사상	P. 페티티에 / 이종민	8,000원
121	가장 아름다운 하나님 이야기	A. 보테르 外 / 주태환	8,000원
122	시민 교육	P. 카니베즈 / 박주원	9,000원
123	스페인영화사	J- C. 스갱 / 정동섭	8,000원
124	인터넷상에서—행동하는 지성	H. L. 드레퓌스 / 정혜욱	9,000원
125	내 몸의 신비—세상에서 가장 큰 기적	A. 지오르당 / 이규식	7,000원

126 세 가지 생태학	F. 가타리 / 윤수종	8,000원
127 모리스 블랑쇼에 대하여	E. 레비나스 / 박규현	9,000원
128 위뷔 왕 〔희곡〕	A. 자리 / 박형섭	8,000원
129 번영의 비참	P. 브뤼크네르 / 이창실	8,000원
130 무사도란 무엇인가	新渡戶稻造 / 沈雨晟	7,000원
131 천 개의 집 〔소설〕	A. 라히미 / 김주경	근간
132 문학은 무슨 소용이 있는가?	D. 살나브 / 김교신	7,000원
133 종교에 대하여 — 행동하는 지성	존 D. 카푸토 / 최생열	9,000원
134 노동사회학	M. 스트루방 / 박주원	8,000원
135 맞불 · 2	P. 부르디외 / 김교신	10,000원
136 믿음에 대하여 — 행동하는 지성	S. 지제크 / 최생열	9,000원
137 법, 정의, 국가	A. 기그 / 민혜숙	8,000원
138 인식, 상상력, 예술	E. 아카마츄 / 최돈호	근간
139 위기의 대학	ARESER / 김교신	10,000원
140 카오스모제	F. 가타리 / 윤수종	10,000원
141 코란이란 무엇인가	M. 쿡 / 이강훈	근간
142 신학이란 무엇인가	D. F. 포드 / 노치준 · 강혜원	9,000원
143 누보 로망, 누보 시네마	C. 뮈르시아 / 이창실	8,000원
144 지능이란 무엇인가	I. J. 디어리 / 송형석	근간
145 죽음 — 유한성에 관하여	F. 다스튀르 / 나길래	8,000원
146 철학에 입문하기	Y. 카탱 / 박선주	8,000원
147 지옥의 힘	J. 보드리야르 / 배영달	8,000원
148 철학 기초 강의	F. 로피 / 공나리	8,000원
149 시네마토그래프에 대한 단상	R. 브레송 / 오일환 · 김경온	9,000원
150 성서란 무엇인가	J. 리치스 / 최생열	근간
151 프랑스 문학사회학	신미경	8,000원
152 잡사와 문학	F. 에브라르 / 최정아	근간
153 세계의 폭력	J. 보드리야르 · E. 모랭 / 배영달	9,000원
154 잠수복과 나비	J. -D. 보비 / 양영란	6,000원
155 고전 할리우드 영화	자클린 나가쉬 / 최은영	근간
156 마지막 말, 마지막 미소	B. 드 카스텔바자크 / 김승철 · 장정아	근간
157 몸의 시학	J. 피죠 / 김선미	근간
158 철학의 기원에 대하여	C. 콜로베르 / 김정란	근간
159 지혜에 대한 숙고	J. -M. 베스니에르 / 곽노경	근간
160 자연주의 미학과 시학	조성애	근간
161 소설 분석 — 현대적 방법론과 기법	B. 발레트 / 조성애	근간
162 사회학이란 무엇인가	S. 브루스 / 김경안	근간
163 인도철학입문	S. 헤밀턴 / 고길환	근간
164 심리학이란 무엇인가	G. 버틀러 · F. 맥마누스 / 이재현	근간
165 발자크 비평	J. 줄레즈 / 이정민	근간
166 결별을 위하여	G. 마츠네프 / 권은희 · 최은희	근간
167 인류학이란 무엇인가	J. 모나건 外 / 김경안	근간

900 아이들에게 설명하는 이혼	P. 루카스·S. 르로이 / 이은민	근간
1001 《제7의 봉인》 비평연구	E. 그랑조르주 / 이은민	근간
1002 《쥘과 짐》 비평연구	C. 르 베르 / 이은민	근간
1003 《시민 케인》	L. 멀비 / 이형식	근간
1004 《새》	C. 파질리아 / 이형식	근간

【東文選 文藝新書】

1 저주받은 詩人들	A. 뻬이르 / 최수철·김종호	개정근간
2 민속문화론서설	沈雨晟	40,000원
3 인형극의 기술	A. 훼도토프 / 沈雨晟	8,000원
4 전위연극론	J. 로스 에반스 / 沈雨晟	12,000원
5 남사당패연구	沈雨晟	19,000원
6 현대영미희곡선(전4권)	N. 코워드 外 / 李辰洙	절판
7 행위예술	L. 골드버그 / 沈雨晟	18,000원
8 문예미학	蔡 儀 / 姜慶鎬	절판
9 神의 起源	何 新 / 洪 熹	16,000원
10 중국예술정신	徐復觀 / 權德周 外	24,000원
11 中國古代書史	錢存訓 / 金允子	14,000원
12 이미지 — 시각과 미디어	J. 버거 / 편집부	12,000원
13 연극의 역사	P. 하트놀 / 沈雨晟	12,000원
14 詩 論	朱光潛 / 鄭相泓	22,000원
15 탄트라	A. 무케르지 / 金龜山	16,000원
16 조선민족무용기본	최승희	15,000원
17 몽고문화사	D. 마이달 / 金龜山	8,000원
18 신화 미술 제사	張光直 / 李 徹	10,000원
19 아시아 무용의 인류학	宮尾慈良 / 沈雨晟	20,000원
20 아시아 민족음악순례	藤井知昭 / 沈雨晟	5,000원
21 華夏美學	李澤厚 / 權 瑚	15,000원
22 道	張立文 / 權 瑚	18,000원
23 朝鮮의 占卜과 豫言	村山智順 / 金禧慶	15,000원
24 원시미술	L. 아담 / 金仁煥	16,000원
25 朝鮮民俗誌	秋葉隆 / 沈雨晟	12,000원
26 神話의 이미지	J. 캠벨 / 扈承喜	근간
27 原始佛教	中村元 / 鄭泰爀	8,000원
28 朝鮮女俗考	李能和 / 金尙憶	24,000원
29 朝鮮解語花史(조선기생사)	李能和 / 李在崑	25,000원
30 조선창극사	鄭魯湜	17,000원
31 동양회화미학	崔炳植	18,000원
32 性과 결혼의 민족학	和田正平 / 沈雨晟	9,000원
33 農漁俗談辭典	宋在璇	12,000원
34 朝鮮의 鬼神	村山智順 / 金禧慶	12,000원
35 道敎와 中國文化	葛兆光 / 沈揆昊	15,000원

36	禪宗과 中國文化	葛兆光 / 鄭相泓・任炳權	8,000원
37	오페라의 역사	L. 오레이 / 류연희	18,000원
38	인도종교미술	A. 무케르지 / 崔炳植	14,000원
39	힌두교의 그림언어	안넬리제 外 / 全在星	9,000원
40	중국고대사회	許進雄 / 洪 熹	30,000원
41	중국문화개론	李宗桂 / 李宰碩	23,000원
42	龍鳳文化源流	王大有 / 林東錫	25,000원
43	甲骨學通論	王宇信 / 李宰碩	근간
44	朝鮮巫俗考	李能和 / 李在崑	20,000원
45	미술과 페미니즘	N. 부루드 外 / 扈承喜	9,000원
46	아프리카미술	P. 윌레뜨 / 崔炳植	절판
47	美의 歷程	李澤厚 / 尹壽榮	28,000원
48	曼茶羅의 神들	立川武藏 / 金龜山	19,000원
49	朝鮮歲時記	洪錫謨 外/李錫浩	30,000원
50	하 상	蘇曉康 外 / 洪 熹	절판
51	武藝圖譜通志 實技解題	正 祖 / 沈雨晟・金光錫	15,000원
52	古文字學첫걸음	李學勤 / 河永三	14,000원
53	體育美學	胡小明 / 閔永淑	10,000원
54	아시아 美術의 再發見	崔炳植	9,000원
55	曆과 占의 科學	永田久 / 沈雨晟	8,000원
56	中國小學史	胡奇光 / 李宰碩	20,000원
57	中國甲骨學史	吳浩坤 外 / 梁東淑	35,000원
58	꿈의 철학	劉文英 / 河永三	22,000원
59	女神들의 인도	立川武藏 / 金龜山	19,000원
60	性의 역사	J. L. 플랑드랭 / 편집부	18,000원
61	쉬르섹슈얼리티	W. 챠드윅 / 편집부	10,000원
62	여성속담사전	宋在璇	18,000원
63	박재서희곡선	朴栽緖	10,000원
64	東北民族源流	孫進己 / 林東錫	13,000원
65	朝鮮巫俗의 硏究(상・하)	赤松智城・秋葉隆 / 沈雨晟	28,000원
66	中國文學 속의 孤獨感	斯波六郞 / 尹壽榮	8,000원
67	한국사회주의 연극운동사	李康列	8,000원
68	스포츠인류학	K. 블랑챠드 外 / 박기동 外	12,000원
69	리조복식도감	리팔찬	20,000원
70	娼 婦	A. 꼬르뱅 / 李宗旼	22,000원
71	조선민요연구	高晶玉	30,000원
72	楚文化史	張正明 / 南宗鎭	26,000원
73	시간, 욕망, 그리고 공포	A. 코르뱅 / 변기찬	18,000원
74	本國劍	金光錫	40,000원
75	노트와 반노트	E. 이오네스코 / 박형섭	20,000원
76	朝鮮美術史研究	尹喜淳	7,000원
77	拳法要訣	金光錫	30,000원

번호	제목	저자/역자	가격
78	艸衣選集	艸衣意恂 / 林鍾旭	20,000원
79	漢語音韻學講義	董少文 / 林東錫	10,000원
80	이오네스코 연극미학	C. 위베르 / 박형섭	9,000원
81	중국문자훈고학사전	全廣鎭 편역	23,000원
82	상말속담사전	宋在璇	10,000원
83	書法論叢	沈尹默 / 郭魯鳳	8,000원
84	침실의 문화사	P. 디비 / 편집부	9,000원
85	禮의 精神	柳肅 / 洪熹	20,000원
86	조선공예개관	沈雨晟 편역	30,000원
87	性愛의 社會史	J. 솔레 / 李宗旼	18,000원
88	러시아미술사	A. I. 조토프 / 이건수	22,000원
89	中國書藝論文選	郭魯鳳 選譯	25,000원
90	朝鮮美術史	關野貞 / 沈雨晟	30,000원
91	美術版 탄트라	P. 로슨 / 편집부	8,000원
92	군달리니	A. 무케르지 / 편집부	9,000원
93	카마수트라	바짜야나 / 鄭泰爀	18,000원
94	중국언어학총론	J. 노먼 / 全廣鎭	28,000원
95	運氣學說	任應秋 / 李宰碩	15,000원
96	동물속담사전	宋在璇	20,000원
97	자본주의의 아비투스	P. 부르디외 / 최종철	10,000원
98	宗敎學入門	F. 막스 뮐러 / 金龜山	10,000원
99	변 화	P. 바츨라빅크 外 / 박인철	10,000원
100	우리나라 민속놀이	沈雨晟	15,000원
101	歌訣(중국역대명언경구집)	李宰碩 편역	20,000원
102	아니마와 아니무스	A. 융 / 박해순	8,000원
103	나, 너, 우리	L. 이리가라이 / 박정오	12,000원
104	베케트연극론	M. 푸크레 / 박형섭	8,000원
105	포르노그래피	A. 드워킨 / 유혜련	12,000원
106	셸 링	M. 하이데거 / 최상욱	12,000원
107	프랑수아 비용	宋 勉	18,000원
108	중국서예 80제	郭魯鳳 편역	16,000원
109	性과 미디어	W. B. 키 / 박해순	12,000원
110	中國正史朝鮮列國傳(전2권)	金聲九 편역	120,000원
111	질병의 기원	T. 매큐언 / 서 일·박종연	12,000원
112	과학과 젠더	E. F. 켈러 / 민경숙·이현주	10,000원
113	물질문명·경제·자본주의	F. 브로델 / 이문숙 外	절판
114	이탈리아인 태고의 지혜	G. 비코 / 李源斗	8,000원
115	中國武俠史	陳 山 / 姜鳳求	18,000원
116	공포의 권력	J. 크리스테바 / 서민원	23,000원
117	주색잡기속담사전	宋在璇	15,000원
118	죽음 앞에 선 인간(상·하)	P. 아리에스 / 劉仙子	각권 8,000원
119	철학에 대하여	L. 알튀세르 / 서관모·백승욱	12,000원

120	다른 곳	J. 데리다 / 김다은 · 이혜지	10,000원
121	문학비평방법론	D. 베르제 外 / 민혜숙	12,000원
122	자기의 테크놀로지	M. 푸코 / 이희원	16,000원
123	새로운 학문	G. 비코 / 李源斗	22,000원
124	천재와 광기	P. 브르노 / 김웅권	13,000원
125	중국은사문화	馬 華·陳正宏 / 강경범·천현경	12,000원
126	푸코와 페미니즘	C. 라마자노글루 外 / 최 영 外	16,000원
127	역사주의	P. 해밀턴 / 임옥희	12,000원
128	中國書藝美學	宋 民 / 郭魯鳳	16,000원
129	죽음의 역사	P. 아리에스 / 이종민	18,000원
130	돈속담사전	宋在璇 편	15,000원
131	동양극장과 연극인들	김영무	15,000원
132	生育神과 性巫術	宋兆麟 / 洪 熹	20,000원
133	미학의 핵심	M. M. 이턴 / 유호전	20,000원
134	전사와 농민	J. 뒤비 / 최생열	18,000원
135	여성의 상태	N. 에니크 / 서민원	22,000원
136	중세의 지식인들	J. 르 고프 / 최애리	18,000원
137	구조주의의 역사(전4권)	F. 도스 / 김웅권 外 Ⅰ·Ⅱ·Ⅳ 15,000원 / Ⅲ	18,000원
138	글쓰기의 문제해결전략	L. 플라워 / 원진숙·황정현	20,000원
139	음식속담사전	宋在璇 편	16,000원
140	고전수필개론	權 瑚	16,000원
141	예술의 규칙	P. 부르디외 / 하태환	23,000원
142	"사회를 보호해야 한다"	M. 푸코 / 박정자	20,000원
143	페미니즘사전	L. 터틀 / 호승희·유혜련	26,000원
144	여성심벌사전	B. G. 워커 / 정소영	근간
145	모데르니테 모데르니테	H. 메쇼닉 / 김다은	20,000원
146	눈물의 역사	A. 벵상뷔포 / 이자경	18,000원
147	모더니티입문	H. 르페브르 / 이종민	24,000원
148	재생산	P. 부르디외 / 이상호	23,000원
149	종교철학의 핵심	W. J. 웨인라이트 / 김희수	18,000원
150	기호와 몽상	A. 시몽 / 박형섭	22,000원
151	융분석비평사전	A. 새뮤얼 外 / 민혜숙	16,000원
152	운보 김기창 예술론연구	최병식	14,000원
153	시적 언어의 혁명	J. 크리스테바 / 김인환	20,000원
154	예술의 위기	Y. 미쇼 / 하태환	15,000원
155	프랑스사회사	G. 뒤프 / 박 단	16,000원
156	중국문예심리학사	劉偉林 / 沈揆昊	30,000원
157	무지카 프라티카	M. 캐넌 / 김혜중	25,000원
158	불교산책	鄭泰爀	20,000원
159	인간과 죽음	E. 모랭 / 김명숙	23,000원
160	地中海(전5권)	F. 브로델 / 李宗旼	근간
161	漢語文字學史	黃德實·陳秉新 / 河永三	24,000원

162	글쓰기와 차이	J. 데리다 / 남수인	28,000원
163	朝鮮神事誌	李能和 / 李在崑	근간
164	영국제국주의	S. C. 스미스 / 이태숙 · 김종원	16,000원
165	영화서술학	A. 고드로 · F. 조스트 / 송지연	17,000원
166	美學辭典	사사키 겡이치 / 민주식	22,000원
167	하나이지 않은 성	L. 이리가라이 / 이은민	18,000원
168	中國歷代書論	郭魯鳳 譯註	25,000원
169	요가수트라	鄭泰爀	15,000원
170	비정상인들	M. 푸코 / 박정자	25,000원
171	미친 진실	J. 크리스테바 外 / 서민원	25,000원
172	디스탱숑(상 · 하)	P. 부르디외 / 이종민	근간
173	세계의 비참(전3권)	P. 부르디외 外 / 김주경	각권 26,000원
174	수묵의 사상과 역사	崔炳植	근간
175	파스칼적 명상	P. 부르디외 / 김웅권	22,000원
176	지방의 계몽주의	D. 로슈 / 주명철	30,000원
177	이혼의 역사	R. 필립스 / 박범수	25,000원
178	사랑의 단상	R. 바르트 / 김희영	근간
179	中國書藝理論體系	熊秉明 / 郭魯鳳	23,000원
180	미술시장과 경영	崔炳植	16,000원
181	카프카 — 소수적인 문학을 위하여	G. 들뢰즈 · F. 가타리 / 이진경	13,000원
182	이미지의 힘 — 영상과 섹슈얼리티	A. 쿤 / 이형식	13,000원
183	공간의 시학	G. 바슐라르 / 곽광수	23,000원
184	랑데부 — 이미지와의 만남	J. 버거 / 임옥희 · 이은경	18,000원
185	푸코와 문학 — 글쓰기의 계보를 향하여	S. 듀링 / 오경심 · 홍유미	근간
186	각색, 연극에서 영화로	A. 엘보 / 이선형	16,000원
187	폭력과 여성들	C. 도펭 外 / 이은민	18,000원
188	하드 바디 — 할리우드 영화에 나타난 남성성	S. 제퍼드 / 이형식	18,000원
189	영화의 환상성	J. -L. 뢰트라 / 김경온 · 오일환	18,000원
190	번역과 제국	D. 로빈슨 / 정혜욱	16,000원
191	그라마톨로지에 대하여	J. 데리다 / 김웅권	근간
192	보건 유토피아	R. 브로만 外 / 서민원	20,000원
193	현대의 신화	R. 바르트 / 이화여대기호학연구소	20,000원
194	중국회화백문백답	郭魯鳳	근간
195	고서화감정개론	徐邦達 / 郭魯鳳	근간
196	상상의 박물관	A. 말로 / 김웅권	근간
197	부빈의 일요일	J. 뒤비 / 최생열	22,000원
198	아인슈타인의 최대 실수	D. 골드스미스 / 박범수	16,000원
199	유인원, 사이보그, 그리고 여자	D. 해러웨이 / 민경숙	25,000원
200	공동생활 속의 개인주의	F. 드 생글리 / 최은영	20,000원
201	기식자	M. 세르 / 김웅권	24,000원
202	연극미학 — 플라톤에서 브레히트까지의 텍스트들	J. 셰레 外 / 홍지화	24,000원
203	철학자들의 신	W. 바이셰델 / 최상욱	34,000원

204 고대 세계의 정치	모제스 I. 핀레이 / 최생열	16,000원
205 프란츠 카프카의 고독	M. 로베르 / 이창실	18,000원
206 문화 학습 — 실천적 입문서	J. 자일스·T. 미들턴 / 장성희	24,000원
207 호모 아카데미쿠스	P. 부르디외 / 임기대	근간
208 朝鮮槍棒教程	金光錫	40,000원
209 자유의 순간	P. M. 코헨 / 최하영	16,000원
210 밀교의 세계	鄭泰爀	16,000원
211 토탈 스크린	J. 보드리야르 / 배영달	19,000원
212 영화와 문학의 서술학	F. 바누아 / 송지연	22,000원
213 텍스트의 즐거움	R. 바르트 / 김희영	15,000원
214 영화의 직업들	B. 라트롱슈 / 김경온·오일환	16,000원
215 소설과 신화	이용주	15,000원
216 문화와 계급 — 부르디외와 한국 사회	홍성민 外	18,000원
217 작은 사건들	R. 바르트 / 김주경	14,000원
218 연극분석입문	J.-P. 링가르 / 박형섭	18,000원
219 푸코	G. 들뢰즈 / 허 경	17,000원
220 우리나라 도자기와 가마터	宋在璇	30,000원
221 보이는 것과 보이지 않는 것	M. 퐁티 / 남수인·최의영	근간
222 메두사의 웃음/출구	H. 식수 / 박혜영	근간
223 담화 속의 논증	R. 아모시 / 장인봉	20,000원
224 포켓의 형태	J. 버거 / 이영주	근간
225 이미지심벌사전	A. 드 브리스 / 이원두	근간
226 이데올로기	D. 호크스 / 고길환	16,000원
227 영화의 이론	B. 발라즈 / 이형식	20,000원
228 건축과 철학	J. 보드리야르·J. 누벨 / 배영달	16,000원
229 폴 리쾨르 — 삶의 의미들	F. 도스 / 이봉지 外	근간
230 서양철학사	A. 케니 / 이영주	29,000원
231 근대성과 육체의 정치학	D. 르 브르통 / 홍성민	20,000원
232 허난설헌	金成南	16,000원
233 인터넷 철학	G. 그레이엄 / 이영주	15,000원
234 촛불의 미학	G. 바슐라르 / 이가림	근간
235 의학적 추론	A. 시쿠렐 / 서민원	20,000원
236 튜링 — 인공지능 창시자	J. 라세구 / 임기대	16,000원
237 이성의 역사	F. 샤틀레 / 심세광	근간
238 朝鮮演劇史	金在喆	22,000원
239 미학이란 무엇인가	M. 지므네즈 / 김웅권	23,000원
240 古文字類編	高 明	40,000원
241 부르디외 사회학 이론	L. 핀토 / 김용숙·김은희	20,000원
242 문학은 무슨 생각을 하는가?	P. 마슈레 / 서민원	23,000원
243 행복해지기 위해 무엇을 배워야 하는가?	A. 우지오 外 / 김교신	18,000원
244 영화와 회화: 탈배치	P. 보니체 / 홍지화	18,000원
245 영화 학습 — 실천적 지표들	F. 바누아 外 / 문신원	16,000원

246	회화 학습 — 실천적 지표들	F. 기블레 / 고수현	근간
247	영화미학	J. 오몽 外 / 이용주	근간
248	시 — 형식과 기능	J. -L. 주베르 / 김경온	근간
249	우리나라 옹기	宋在璇	근간
250	검은 태양	J. 크리스테바 / 김인환	근간
251	어떻게 더불어 살 것인가?	R. 바르트 / 김웅권	근간
252	일반 교양 강좌	E. 코바 / 송대영	근간
253	나무의 철학	R. 뒤마 / 송형석	근간
254	영화에 대하여	S. 멀할 / 이영주	18,000원
255	문학에 대하여	H. 밀러 / 최은주	근간
256	미학	라영균 外 편역	근간
257	조희룡 평전	김영회 外	18,000원
258	역사철학	F. 도스 / 최생열	근간
259	철학자들의 동물원	A. L. 브라 쇼파르 / 문신원	근간
260	시각의 의미	J. 버거 / 이용은	근간
1001	베토벤: 전원교향곡	D. W. 존스 / 김지순	15,000원
1002	모차르트: 하이든 현악 4중주곡	J. 어빙 / 김지순	14,000원
2001	우리 아이들에게 어떤 지표를 주어야 할까?	J. -L. 오베르 / 이창실	16,000원
2002	상처받은 아이들	N. 파브르 / 김주경	16,000원
2003	엄마, 아빠, 제게 꿈꿀 시간을 주세요	E. 부젱 / 박주원	16,000원
2004	유치원에 관한 온갖 질문들	N. 뒤 소수와 / 전재민	근간

【기 타】

▨ 모드의 체계	R. 바르트 / 이화여대기호학연구소	18,000원
▨ 라신에 관하여	R. 바르트 / 남수인	10,000원
▨ 說 苑 (上·下)	林東錫 譯註	각권 30,000원
▨ 晏子春秋	林東錫 譯註	30,000원
▨ 西京雜記	林東錫 譯註	20,000원
▨ 搜神記 (上·下)	林東錫 譯註	각권 30,000원
■ 경제적 공포〔메디치賞 수상작〕	V. 포레스테 / 김주경	7,000원
■ 古陶文字徵	高 明·葛英會	20,000원
■ 金文編	容 庚	36,000원
■ 고독하지 않은 홀로되기	P. 들레름·M. 들레름 / 박정오	8,000원
■ 그리하여 어느날 사랑이여	이외수 편	4,000원
■ 딸에게 들려 주는 작은 지혜	N. 레호레이트너 / 양영란	6,500원
■ 노력을 대신하는 것은 없다	R. 쉬이 / 유혜련	5,000원
■ 노블레스 오블리주	현택수 사회비평집	7,500원
■ 미래를 원한다	J. D. 로스네 / 문 선·김덕희	8,500원
■ 사랑의 존재	한용운	3,000원
■ 산이 높으면 마땅히 우러러볼 일이다	유 향 / 임동석	5,000원
■ 서기 1000년과 서기 2000년 그 두려움의 흔적들	J. 뒤비 / 양영란	8,000원
■ 서비스는 유행을 타지 않는다	B. 바게트 / 정소영	5,000원

■ 선종이야기	홍 희 편저	8,000원
■ 섬으로 흐르는 역사	김영회	10,000원
■ 세계사상	창간호~3호: 각권 10,000원 / 4호:	14,000원
■ 심이속상도안집	편집부	8,000원
■ 어린이 수묵화의 첫걸음(전6권)	趙 陽 / 편집부	각권 5,000원
■ 오늘 다 못다한 말은	이외수 편	7,000원
■ 오블라디 오블라다, 인생은 브래지어 위를 흐른다	무라카미 하루키 / 김난주	7,000원
■ 이젠 다시 유혹하지 않으련다	P. 쌍소 / 서민원	9,000원
■ 인생은 앞유리를 통해서 보라	B. 바게트 / 박해순	5,000원
■ 잠수복과 나비	J. D. 보비 / 양영란	6,000원
■ 천연기념물이 된 바보	최병식	7,800원
■ 原本 武藝圖譜通志	正祖 命撰	60,000원
■ 隸字編	洪鈞陶	40,000원
■ 테오의 여행 (전5권)	C. 클레망 / 양영란	각권 6,000원
■ 한글 설원 (상·중·하)	임동석 옮김	각권 7,000원
■ 한글 안자춘추	임동석 옮김	8,000원
■ 한글 수신기 (상·하)	임동석 옮김	각권 8,000원

【이외수 작품집】

■ 겨울나기	창작소설	7,000원
■ 그대에게 던지는 사랑의 그물	에세이	8,000원
■ 그리움도 화석이 된다	시화집	6,000원
■ 꿈꾸는 식물	장편소설	7,000원
■ 내 잠 속에 비 내리는데	에세이	7,000원
■ 들 개	장편소설	7,000원
■ 말더듬이의 겨울수첩	에스프리모음집	7,000원
■ 벽오금학도	장편소설	7,000원
■ 장수하늘소	창작소설	7,000원
■ 칼	장편소설	7,000원
■ 풀꽃 술잔 나비	서정시집	6,000원
■ 황금비늘 (1·2)	장편소설	각권 7,000원

【조병화 작품집】

■ 공존의 이유	제11시집	5,000원
■ 그리운 사람이 있다는 것은	제45시집	5,000원
■ 길	애송시모음집	10,000원
■ 개구리의 명상	제40시집	3,000원
■ 그리움	애송시화집	8,000원
■ 꿈	고희기념자선시집	10,000원
■ 따뜻한 슬픔	제49시집	5,000원
■ 버리고 싶은 유산	제 1시집	3,000원
■ 사랑의 노숙	애송시집	4,000원

- ■ 사랑의 여백   애송시화집   5,000원
- ■ 사랑이 가기 전에   제 5시집   4,000원
- ■ 남은 세월의 이삭   제 52시집   6,000원
- ■ 시와 그림   애장본시화집   30,000원
- ■ 아내의 방   제44시집   4,000원
- ■ 잠 잃은 밤에   제39시집   3,400원
- ■ 패각의 침실   제 3시집   3,000원
- ■ 하루만의 위안   제 2시집   3,000원

【세르 작품집】
- ■ 동물학   C. 세르   14,000원
- ■ 먹기   C. 세르   근간
- ■ 바캉스   C. 세르   근간
- ■ 블랙 유머와 흰 가운의 의료인들   C. 세르   14,000원
- ■ 비스 콩프리   C. 세르   14,000원
- ■ 사냥과 낚시   C. 세르   근간
- ■ 삶의 방법   C. 세르   근간
- ■ 세르(평전)   Y. 프레미옹 / 서민원   16,000원
- ■ 스포츠   C. 세르   근간
- ■ 악의 사전   C. 세르   근간
- ■ 올림픽   C. 세르   근간
- ■ 음악들   C. 세르   근간
- ■ 자가 수리공   C. 세르   14,000원
- ■ 자동차   C. 세르   근간
- ■ 작은 천사들   C. 세르   근간
- ■ 재발   C. 세르   근간

東文選 現代新書 87

산다는 것의 의미
— 여분의 행복

피에르 쌍소 / 김주경 옮김

"삶을 어떻게 살아야 하는가?"라는 물음에 대한 해답찾기!!

인생을 살 만큼 살아본 사람만이 이에 대한 대답을 할 수 있을 것이다. 영원한 것은 아무것도 없고, 변화 또한 피할 수 없다. 한 해의 시작을 앞둔 우리들에게 피에르 쌍소는 "인생이라는 다양한 길들에서 만나게 되는 예기치 않은 상황들을 대비할 수 있도록 도덕적 혹은 철학적인 성찰, 삶의 단편들, 끔찍한 가상의 이야기와 콩트, 이 세상에서 벌어지고 있는 참을 수 없는 일들에 대한 분노의 외침, 견디기 힘든 세상을 조금이라도 견딜 만하게 만들기 위한 사랑에의 호소 등등 여러 가지를 이 책 속에 집어넣어 보았다"는 소회를 전하고 있다. 노철학자의 삶에 대한 깊은 성찰이 고목의 나이테처럼 더없이 선명하게 다가온다.

변화를 사랑하고, 기다릴 줄 알고, 바라보는 법을 배우고, 자기 자신에게 인내를 가질 수 있게 하는 이 책 《산다는 것의 의미》는, 앞서의 두 권보다 문학적이며 읽는 재미 또한 뛰어나다. 죽어 있는 것 같은 시간들이 빈번히 인생에 가장 충만한 삶을 부여하듯 자신의 내부의 작은 목소리에 귀기울이게 하고, 그 소리를 신뢰케 만드는 것이 책의 장점이다. 진정한 삶, 음미할 줄 아는 삶을 살고, 내심이 공허한 사람이 되지 않도록 우리의 약한 삶을 보호할 줄 알며, 그 삶을 사랑하게 만드는 것이 피에르 쌍소의 힘이다.

이 책을 읽어 나가는 동안 우리는 의미 없이 번쩍거리기만 하는 싸구려 삶을 단호히 거부하고, 자기 자신에게로 돌아와 찬찬히 들여다볼 수 있는 시간을 갖게 될 것이다. 그리고 자신만의 희망적인 삶의 방법을 건져올릴 수 있을 것이다.

이젠 다시 유혹하지 않으련다

피에르 쌍소

서민원 옮김

섬세하고 정교한 글쓰기로 표현된, 온화하지만 쓴맛이 있는 이 글의 저자는 대체 누구를 더 이상 유혹하지 않겠다고 선언하는가? 여성들, 신, 삶, 아니면 그 자신인가?

여자를 유혹하는 남자들이 점점 사라져 가고 있다. 느림의 철학자 피에르 쌍소는 유혹자로서의 자신의 경험을 소설 같은 에세이로 만들어 그 궤적을 밟는다. 물론 또 다른 조류에 몸을 맡기기 전까지 말이다. 그것은 정겨움과 관대함으로 타인을 바라보는 신비의 조류이다. 이 책은 여성과 삶을 사랑하는 작가의 매우 유려한 필치로 쓰여진, 입가에 미소가 맴돌게 하면서도 무언가 생각하게 하는 책이다. 결국 우리로 하여금 보다 잘 성찰하고, 보다 잘 느끼며 더욱 사랑하라고 속삭인다.

"40년 전에는 한 여성이 유혹에 진다는 것은 정숙함과 자신의 평판을 포기한다는 것을 의미했습니다. 오늘날의 여성은 그럴 필요를 느끼지 않으니 자신을 온전히 내주지도 않지요. 유혹이 너무 일반화되어 그 비극적인 면을 잃고 말았어요. 반대로 누군가의 마음을 사로잡는다는 것, 서로 같은 조건에서 그에게 주의를 기울인다는 것은 유혹이나 매력 같은 것보다 한 단계 위의 가치입니다."

"이 세상의 아름다움과 미소를 함께 나누는 행복을 위해서라도 마음을 사로잡는 일은 누구에게나 하나의 의무라고 봐요. 타인은 시간과 더불어 그 밀도와 신비함을 더해 가고, 그와 나의 관계에서 풍기는 수수께끼는 거의 예술작품에 가까워지지요. 당신의 존재에 겹쳐지지만 투사하지는 않는 것, 그것이 바로 완전한 유혹이 아닐까요."

나비가 되어 날아간 한 남자의 치열하고도 아름다운 생의 마지막 노래. 세상에서 가장 아름답고도 애절한 이야기가 비틀스의 노래와 함께 펼쳐진다.

잠수복과 나비

장 도미니크 보비 / 양영란 옮김

장 도미니크 보비. 프랑스 《엘르》지 편집장. 저명한 저널리스트이며 두 아이를 둔 자상한 아버지. 멋진 말을 골라 쓰는 유머러스한 남자. 앞서가는 정신의 소유자로서 누구보다도 자유를 구가하던 그는 1995년 12월 8일 금요일 오후 갑작스런 뇌졸중으로 쓰러졌다. 3주 후 의식을 회복했으나, 그가 움직일 수 있는 것은 오직 왼쪽 눈꺼풀뿐. 그로부터 그의 또 다른 인생, 비록 15개월 남짓에 불과한 '새로운' 인생이 시작되었다.

유일한 의사 소통 수단인 왼쪽 눈꺼풀을 20만 번 이상 깜박거려 15개월 만에 완성한 책 《잠수복과 나비》. 마지막 생명력을 쏟아부어 쓴 이 책은, 길지 않은 그의 삶에서 일어났던 일화들을 진솔하게 묘사하고 있다.

그러나 그의 이야기는 유머와 풍자로 가득 차 있다. 슬프지만 측은하지 않으며, 억지로 눈물과 동정을 유도할 만큼 감상적이지도 않다. 오히려 멋진 문장들로 읽는 이를 즐겁게 해준다. 그리하여 살아남은 자들에게 희망과 용기를 주며, 삶의 그 모든 것들이 얼마나 소중한가를 새삼 일깨워 준다. 아무튼 독자들은 이제껏 경험해 보지 못한 진한 감동과 형언할 수 없는 경건함을 맛보게 될 것이다.

《잠수복과 나비》는 출간되자마자 프랑스 출판사상 그 유례가 없는 엄청난 베스트셀러가 되었으며, 보비는 자기만의 필법으로 쓴 자신의 책을 그의 소중한 한쪽 눈으로 확인한 사흘 후 옥죄던 잠수복을 벗어던지고 나비가 되어 날아갔다. 자유로운 그만의 세계로······.

국영 프랑스 TV는 그의 치열하고도 아름다운 마지막 삶을 다큐멘터리로 2회에 걸쳐 방영하였으며, 프랑스 전국민들은 이 젊은 지식인의 죽음 앞에 최대한의 존경과 애도를 보냈다.